AF451387

LE TEXTE D'ALCHYMIE, ET LE SONGE-VERD.

A PARIS,

Chez LAURENT D'HOURY, ruë
S. Jacques, devant la Fontaine S. Severin,
au Saint Esprit.

M. DC. XCV.

Avec Privilege du Roy.

NOstre Pierre est vegetale ;
parce qu'elle est le doux esprit
croissant du germe de la vigne, joint
l'œuvre premiere au corps fixe blan-
choyant, ainsi qu'il est dit au SONGE-
VERD ; auquel aprés le Texte d'Alchymie, bien notablement est baillée
la pratique de cette Pierre vegetale, à
ceux qui sagement sçavent entendre la
verité.

TREVISAN, dans sa
Parole délaissée.

EX UNO, PER UNUM, IN UNO.
OMNIA IN UNO
PER ME TOTUM.

SUB PRÆSIDIO

EHEHIE, IOD,
TETRAGRAMMATON
ELOHIM.

Qui est, fuit, & erit.

Alpha & Omega, Principium & Finis.

AUX AMATEURS
de la veritable Philosophie.

F. A. D. M.

J'AUROIS tort (mon cher Lecteur) aprés l'em‑
pressement que vous avez

témoigné pour le *Songe-verd*, si m'étant tombé entre les mains, je ne vous en faisois participant. Je ne suis point de ces sortes de gens qui cachent la Lumiere sous le boisseau, & qui craignant par envie qu'on ne vienne à découvrir cét incomparable trésor, se plaisent à parler seuls dans leurs Cabinets avec les Livres des veritables Philosophes, qu'ils tiennent plus secrets, que s'ils possedoient le trésor même. Ils ne voudroient cependant point se donner la peine de faire seulement un pas pour l'acquerir, comme si d'un coup d'œil on devoit penetrer dans les mysteres de la Philosophie, qui n'est autre chose qu'un don de Dieu , qui la declare à qui bon lui semble : *Spiritus ubi vult, spirat.*

Quoi que ce ne soit point sans difficulté que j'ai découvert ce Manuscrit, je ne plaindrai pas neanmoins ma peine, si j'apprens que vous le receviez d'aussi bon cœur que je vous le presente. Je m'estimerai même heureux d'avoir trouvé l'occasion de faire plaisir à beaucoup de Personnes curieuses, & d'un merite distingué ; & de n'être seulement pas né pour moi & pour mes parens, mais encore pour le Public, & pour ma Patrie, au service de laquelle je suis entierement dévoüé.

Comme la Medecine fait mon partage, quoi que je ne sois que le moindre de ses disciples, *Medicusque sim modicus* ; je ne crois pas perdre tout-à-fait mon tems, lorsque je m'applique à lire les Livres de la Philosophie Hermetique. Par les mêmes principes on a trouvé des remedes qui nous seroient inconnus, si l'on n'avoit pas exactement fait l'Anatomie des Mixtes. J'ai déja eu le bonheur de réüffir à quelques-uns. Que le tout foit pour la gloire de Dieu, & le foulagement des Malades.

Il eft inutile, ce me femble, de chercher l'origine du *Songe-verd* ; il fuffit de trouver dans lui la pratique de la Pierre Vegetale, comme le cite *Trevifan* dans fon Livre de la Parole délaiffée. Il n'eft pas non plus neceffaire de faire fon éloge : difons feulement que *Trevifan* en parle dans le plus bel endroit de fon Traité, pour éclaircir ce qu'il veut expliquer.

Ce Philofophe eft un affez bon garant, pour qu'on le croye fur fa parole, du commun confentement des Perfonnes fçavantes qui s'appliquent à la fecrete Philofophie : Jufques-là même qu'on prétend qu'il foit l'Auteur de ce Manufcrit, & que l'original en a été fait en Alleman. D'autres veulent qu'il a été imprimé en Italien. Quoi qu'il en foit, je ne l'ai jamais pû trouver qu'en nôtre Langue. Il eft joint au *Texte d'Alchymie*, parce qu'il en fait la quatriéme partie. Ils font tous deux fi clairs à qui fçait bien les entendre, qu'il n'eft point neceffaire d'explication.

Cependant comme le but principal de l'Auteur dans son Songe, n'eſt que de parler par Enigmes, particulie-ment de la premiere opération; j'oſe me promettre que le Lecteur ne ſera peut-être pas fâché, ſi comme en paſſant je dis auſſi mon ſentiment ſur ce que j'ai conçû de la premiere partie de l'Oeuvre, ſuivant les lumieres qu'il a plû à Dieu me faire la grace de m'éclairer. J'eſpere auſſi que ſi j'ai erré en quelque endroit, on aura la bonté de m'en avertir, afin que je puiſſe m'en corriger : & que s'il me manque quelque cho-

se, un veritable Sçavant aura
pour moi les mêmes senti-
mens, que j'ai eu pour ceux
que ce Traité pourra con-
duire dans le veritable chemin.

Je dis donc que de tout le
fruit que j'ai pû recueillir de
la lecture des veritables Philosophes, tant manuscrits,
qu'imprimez, comme de
Moyse dans la Genese, des
quatre Evangelistes, d'*Esdras*,
d'*Hermés*, *Zadith*, *Albuga-*
zal, *Calid*, *Abenvaëtria*,
Rabbi-Simeon, *Aros*, *Mor-*
frac, *Galandinus*, *Morien*,
Senior, *Bengerzid*, *Achomer-*
ben, *Altiphat*, R. *Lulle*, *Al-*

phidius, Cosmopolite, Arnaud de Villeneuve, Majerus, Flud de Fluctibus, du grand & du petit Albert, du grand & du petit Payſan, de Baſile Valentin, du Manuel & de l'Aurore de Paracelſe, & d'une infinité d'autres ; car ils ſont en grand nombre.

C'eſt que j'ai appris que le Dieu tout-puiſſant IEHOVAH, premier principe de toutes choſes, ayant réſolu de créer le Monde, *ab initio,* de toute éternité, pour ſon propre amour & union de ſa volonté, tira de l'infini tréſor de ſon Eſſence & de ſon divin Exemplaire un Chaos, pre-

miere origine de toutes créa-
tions : une Terre , comme
dit l'Ecriture, *Inanis & va-*
cua , qui n'étoit point encore
réduite en forme essentiel-
le , & dans laquelle étoient
enfermées toutes les cho-
ses du Monde ; comme nous
voyons que dans un noyau
est contenu en toute sa substance & sa forme , un gros
& grand arbre avec sa ra-
cine, son corps, ses rameaux,
ses feüilles & ses fruits : dans
laquelle Terre , dis-je, é-
toient cachées pour l'avenir
toutes choses sensibles, qui
de puissance devoient venir
en acte, faire vegeter, fleu-

rir, & produire selon son tems.

Le Créateur par sa divine Providence envoya sur les Eaux reposer un Esprit simple & invisible, RUACH ELOHIM, pour échauffer & rendre toutes choses fecondes : *Spiritus Domini ferebatur super aquas.* Il commença à les vivifier, les faire mouvoir ; & enfin il leur donna la perfection. Aussi-tôt parût la Lumiere, qui de tous les Estres créez, est le plus pur : & à parler en Philosophe, elle est cét Esprit vivifié & vivifiant, qui servit de canal au Seigneur, pour ti-

rer de la Terre toutes les productions, qu'en obéiſſant
elle enfanta par le moyen
des ardeurs dont il l'avoit é-
chauffée. Ce fut alors que
cette Lumiere jointe à celle
du Soleil, jetta ſes influen-
ces du Monde ſurceleſte au
celeſte, & du celeſte au fir-
mamental : Enſuite le Soleil
continua toûjours à porter
ſes rayons de tous côtez ; &
ainſi faiſant ſon tour ordinaire, & roulant en ſa ſphére
par ſon activité penetrative,
il s'inſinua dans les parties
les plus cachées & ſecrettes
du Monde ; & penetrant juſqu'au centre de la Terre,

attiré

attiré par l'aimant de chaque
Mixte, il s'y corporifia ; & la
Terre retenant cette chaleur
qui avoit paſſé à travers toute ſon épaiſſeur, la coagula
dans ſon centre en forme
d'un feu aqueux, & d'une
eau ardente ; c'eſt-à-dire,
d'un ſel fuſible, qui voulant
retourner, ſelon la Nature,
vers ſon centre, fut retenu
dans les matrices en mon-
tant : Et parce que ces matrices avoient une vertu particuliere en leur eſpece, dans
l'une il ſe détermina à une
choſe, & dans l'autre à une
autre, engendrant toûjours
leur ſemblable : Ainſi de ma-

trice en matrice, s’arrêtant dans une qui fût propre à devenir pierre, il devint pierre : S’il demeura dans une qui dût dans la suite être faite or, il fut fait or : & ainſi des autres continuellement du centre de la Terre vers la circonference, juſqu’à la fin des ſiécles.

Que ſi cette Eſſence ſpirituelle eſt encore plus ſubtile, elle paſſe juſqu’à la ſuperficie de la Terre, & fait pouſſer les ſemences ſelon leur genre. Au contraire, reſtant dans le centre de la Terre, elle y trouve une nature graſſe, à laquelle elle s'unit pour former le corps de la Nature minerale, qu'elle s'y approprie : c'est ce corps qui paroît comme une certaine humeur vaporeuse & balsamique, en laquelle gît secretement la vie & la conservation des individus. En un mot, c'est une substance produite de la Nature, & qui s'engendre dans les vénes minerales, dans lesquelles il faut prendre la peine de la chercher, *Visita interiora Terræ. Rectificando invenies occultum.*

Ayant donc connu cette *lapidem* veritable matiere, *Verumque Veram centrum in trigono centri ; Medicinam* j'ai compris qu'il faloit qu'elle fût purifiée d'elle-même : Que de cette seule matiere, par le moyen de Vulcain, je devois découvrir le double Mercure de *Trevisan*, tirer le Soûfre du Soûfre, & le Mercure du Mercure. Pareillement, qu'ayant tiré ces deux principes, le fixe & le volatil, l'eau & le feu du centre du Soleil, il faloit réduire le triangle dans le cercle, qui sans chercher plus loin, fait sa quadrature, comme il est marqué dans la Figure qui est au commencement, pag. 4. *Unitas est perfectionum origo ;* Une matiere, un fourneau, une digeſtion. Tout provient d'un Tout retourne à un : *Ad unitatem fit regreſſus, quando ad denarium factus fuit progreſſus.* Telle eſt la ſphére du Ciel Saturnien, qui contient dans ſon cercle le veritable ſigne de l'unité dans la Deïté, & de la Deïté dans la Trinité, le Pere, le Fils, & le Saint Eſprit. C'eſt alors que le divin ternaire, joint au quaternaire, donne la perfection au nombre ſeptenaire. En un mot, par une harmonie myſterieuſe, il faut proportionner le point au parallele, au triangle, & au quarré.

C'eſt-à-dire , qu'en ſepa-
rant le pur de l'impur , on
doit avoir une idée claire &
parfaite de l'amour paſſion-
né entre le mâle & la femelle,
qui s'embraſſeront ſi étroite-
ment , qu'ils ne pourront
plus dans la ſuite être ſepa-
rez ; & que ſelon le juſte
poids de la Nature, on faſſe
le mariage pour la nouvelle
generation, qu'on les mette
en priſon à l'heure de leur
naiſſance ; & qu'en ajuſtant
les corps proprement à la ca-
pacité du lit où on les veut
faire coucher, l'on puiſſe les
entretenir dans une chaleur
digeſtive , conforme à celle

qui réfidera dans le lit.

Aprés avoir fcellé la maifon avec le Sceau d'*Hermés*, on doit attendre le terme des neuf circulations, qui étant achevées, & l'efprit & le corps ayant triomphé chacun à leur tour, ne faifant plus qu'un, nous faffent parvenir au Mercure des Philofophes, qui finit la premiere opération, & donne entrée à la feconde : aprés cependant que Saturne aura fait paroître cette glorieufe Lumiere, où le corps, l'ame & l'efprit reffufciteront pleins de gloire de la premiere refurrection, qui eft celle dont les Philosophes ont si peu parlé dans leurs Livres, s'étant attachez seulement à la deuxiéme opération, de laquelle aussi je me reserve à m'expliquer dans une autre occasion.

C'est-là la veritable Philosophie que je professe : sans elle je n'aurois jamais appris à lire dans le grand Livre de la Nature ; je n'aurois jamais sçû comment les sept Planettes influent sur les corps inferieurs, & comment les sept Métaux reciproquement attirent les rayons de la Lumiere : Sans elle je n'aurois point sçû méditer

sur

sur l'état & le mouvement des Astres, le concert des Elemens avec les choses élementées. En un mot, c'est elle qui fait comprendre la naissance, la vie & la mort ; qui fait trouver dans le cours de cette circulation les défauts & les perfections des choses ; qui donne à connoître la création du Monde, la cause des tenebres de l'Egypte, la lumiere de Sinaï, & la gloire avec laquelle les corps doivent être revêtus, lesquels ressusciteront au jour du Jugement universel.

Mais comme ce n'est que par la Croix que doivent être éprouvez les veritables Fidéles, c'eſt à vous, Freres de la vraye Roſe-Croix, qui poſſedez tous les tréſors du Monde, c'eſt à vous à qui j'ai recours. Je me ſoûmets entierement à vos pieux & ſages conſeils ; je ſçai qu'ils ne ſçauroient être que bons, parce que je ſçai combien vous êtes doüez de vertus pardeſſus le reſte des hommes. Comme vous êtes les diſpenſateurs de la Science, & que par conſequent je vous dois ce que je ſçai ; ſi je puis cependant dire ſçavoir quelque choſe, je veux (ſelon l'inſtitution que Dieu a établi dans la Nature) que les choſes retournent d'où elles ſont venuës. *Ad locum,* dit l'Eccleſiaſte, *unde exeunt flumina revertuntur, ut iterum fluant.* Tout eſt à vous, tout vient de vous, tout retournera donc à vous. Recevez (Meſſieurs) cét Acte de ſoûmiſſion que je vous fais aujourd'hui : s'il peut parvenir juſqu'à Vous, je ne doute point que vous ne le regardiez d'un bon œil, *licet ab hominum viliori ;* & que par reconnoiſſance de mon côté, je ne vous aille témoigner, en quelque lieu du Monde que vous ſoyez, la venera-

tion que j'ai pour vos illuſtres
Perſonnes.

*Dabam Pariſiis in Muſæolo
meo, anno 1694. idibus
Septembris, die que Exal-
tationis Sanctæ Crucis.*

LE TEXTE
D'ALCHYMIE,
ET LE
SONGE-VERD.

PREMIERE PARTIE.

De la matiere de la Pierre des Phi-
losophes : De la nature de cette
Pierre, & de son essence.

A U commencement Dieu "
créa le Ciel & la Terre. "
La Terre ne produi- "
soit encore rien , & n'étoit "

,, point habitée, parce qu'elle
,, étoit environnée de tenebres
,, qui couvroient les abîmes ; &
,, l'Esprit de Dieu étoit porté sur
,, les Eaux ; Dieu dit, *Qu'il y*
,, *ait lumiere. & la lumiere fut.*

Quiconque entendra bien ces paroles de la Genese, verra que dés la création du Monde, il y a une matiere, laquelle on ne peut connoître qu'en se faisant une lumiere, pour dissiper les tenebres qui la cachent à nos yeux.

L'homme ne pouvant pas se faire une matiere telle qu'il lui plaît, parce qu'il n'appartient qu'à Dieu de faire quelque chose de rien, peut bien se faire une lumiere qui lui éclairera l'entendement, pour découvrir la matiere qui lui est absolument necessaire pour l'accomplissement de ses desirs : Mais ce n'est que par la Science qu'il peut acquerir

cette lumiere , & ce ne fera pas
fans labeur qu'il poffedera cette
Science.

Or comme l'on ne doit rien
faire fans avoir un but & un def-
fein , auffi doit-on chercher tous
les moyens pour arriver à ce but,
& parvenir à fes defirs. Cela é-
tant conftant, le Philofophe qui
dreffe fon intention à la Pierre
Philofophale , doit chercher les
moyens d'y réüffir. Quels font
les moyens , finon de connoître
d'abord la matiere pour la regir ,
enfuite la gouverner & la con-
duire à fa fin? *Ariftote* nous apprend , qu'il faut que l'homme
fçavant fçache non - feulement
les chofes qui viennent des principes, mais qu'il ait encore une
connoiffance des principes.

Il faut donc que ceux qui
connoiffent que la Medecine univerfelle eft poffible , en connoif-
C iiij

fent auffi les principes : donc il faut que le Philofophe connoiffe la matiere de la Pierre Philofophale, avant que de commencer à l'entreprendre. Mais cette veritable matiere eft un tréfor fi caché, que tous les Philofophes qui l'ont euë en leur poffeffion, en ont fait un grand myftere ; & s'ils en ont écrit, ce n'a été qu'en termes tellement obfcurs, qu'il eft prefque impoffible de les entendre. Pour moi qui écris fans envie, je veux (mon Enfant) te la faire connoître, & te la rendre fenfible tout-à-fait, pourveu que tu fois tant foit peu Philofophe, & que ton intention foit directe.

Accourre, Enfant de la Science, viens puifer en moi les tréfors de la fageffe que contient la veritable matiere de la Pierre des Sages. Apprens, 1°. qu'il ne te

faut pas chercher nôtre matiére
dans cét esprit universel qui est
compris dans tout ce qui a été
creé ; il est impossible aux mor-
tels d'atteindre à un point si élevé : & plusieurs errent grossiere-
ment qui s'imaginent que l'on
peut recueillir quelque portion
de cét esprit universel, lequel
contenant toutes choses, n'est
déterminé à aucune chose parti-
culierement.

✳ J'ai vû des personnes qui pa-
roissoient avoir bon sens, donner cependant dans ces imagina-
tions. Ils exposoient à l'air dans
un tems fort serain un Vaisseau
de verre fait en forme de cône
triangulaire ; & au fond de ce
Vaisseau étoit une matiére séche,
aride & alterée : de sorte qu'a-
prés une espace de cinq ou six
heures, ils trouvoient dans leur
Vaisseau quelques gouttes d'eau

que cette matiere avoit attirée à elle. Ils faifoient évaporer cette eau au Soleil, & il leur reftoit une terre rouge ou rouffe, qu'ils s'imaginoient être le vrai Soûfre incombuftible des Philofophes, ou leur Mercure mâle : mais ce n'étoit rien autre chofe que les parties terreftres les plus déga-gées des exhalaifons recuites & deffechées par la chaleur du So-leil, lefquelles étant foûtenuës dans l'air par des vapeurs qui s'oppofent à leur chûte, font en-fuite retombées avec lefdites va-peurs. Ce qui fe juftifie par l'eau avec laquelle cette poudre étoit entrée dans le Vaiffeau.

Il ne faut point aller fi loin pour chercher nôtre matiere, ré-fléchis fur ce à quoi tu la dois deftiner ; c'eft, dis-tu, pour fai-re la Pierre Philofophale. Quelle eft la vertu de cette Pierre Philofophale ? C'eſt de purger tous les métaux, en leur donnant la teinture & la fixité de l'or. Apprens donc ſi tu ne le ſçais pas, que *Nature prend ſes ébats avec Nature, & Nature contient Nature, & Nature ſçait ſurmonter Nature.* Ces paroles doivent être empreintes dans ton entendement. Sois aſſuré (dit la veritable Tourbe) que l'on ne peut teindre le métal que par le métal même. Mais comme l'on ne peut pas donner ce que l'on n'a pas en ſa diſpoſition, & ce qui eſt détaché hors de ſoi ; auſſi un métal de qui la teinture & la fixité ſont intrinſeques, & qui n'en a qu'autant qu'il lui en faut pour être parfait, ne peut pas perfectionner un autre métal ; car ſi cela ſe faiſoit, le parfait déchéeroit d'autant de degrez de ſa perfection, qu'il auroit augmenté celle du métal im-

parfait : ce qui ne se peut, puisque la teinture & la fixité sont
tellement essentielles à l'or, qui
est le seul parfait métal, qu'il ne
peut en être dépoüillé sans cesser
d'être or. Il n'y a donc que la
seule poudre de projection qui
puisse perfectionner les métaux,
puisque l'on reconnoît en elle
une vertu, tout-à-fait sur-abon-
dante, penetrante & tingente.

Il est donc constant que de
quelque matiere que ce soit (hors
la métallique) ne se peut faire la
Medecine des Métaux ; car nulle
nature n'est amendée, sinon en
sa nature propre. Partant (mon
Enfant) si tu cherches nôtre matiere ailleurs que parmi les Mineraux , n'espere pas jamais la
trouver. Propose-toi pour modéle la Nature cette habile ouvriere;
void comme elle fait la separa-
tion des matieres pour chaque

genre, comme elle sçait observer les differences dans les espe-
ces. Ouvre les entrailles de la
Terre, tu y trouveras un enfant
qui n'est pas encore formé. Si tu
ne m'entens pas, prens patience;
car il n'est pas encore tems de
m'expliquer plus clairement. Vois
si tu entendras mieux tous les
Sages qui ont traité de cette matiere. L'un dit que ce n'est rien
autre chose qu'argent-vif exalté
par art sur argent-vif imparfait :
Uu autre, que tout l'œuvre des
Philosophes consiste au seul argent-vif. *Hermés* t'enseigne que
de nôtre Terre sont créez tous
les autres élemens : & *Alphidius*
dit qu'il ne faut qu'une seule matiere ; mais il ajoûte, que l'on
doit proprement appeller eau.
Et *Calid* t'apprend, que dans le
commencement de nôtre œuvre
nous n'avons qu'à travailler sur

deux matieres feulement. Et
Arnaud de Villeneuve défend de
faire autre chofe, finon de digerer & cuire la fubftance mercurielle.

Que pourras-tu donc concevoir de toutes ces expreffions fi
differentes, qui font pourtant
tres-veritables ? Quand tu feras
un peu plus avancé dans les
Sciences, tu nous entendras facilement ; car l'efprit fe fortifie par
le labeur, & devient penetrant
par la lecture. Il faut (comme
dit *Ariftote*) que celui-là ait un
bon efprit qui entend toutes chofes de foi-même. Il n'eft pas cependant impoffible de trouver
des efprits affez vifs & affez pe-
netrans pour apprendre la Science par eux-mêmes ; & *Galien* dit
touchant les belles découvertes
qu'il a faites fur la Medecine :
J'ai découvert toutes ces chofes de

moi-même, n'ayant pour guide que ma seule lumiere naturelle ; veu que si j'eusse suivi les Maîtres, je fusse tombé en mille erreurs. La force d'un si haut entendement s'acquiert par les réfléxions que l'on fait sur le sens des Livres qu'on a lûs.

C'est pourquoi lis & réfléchis à par toi sur ta lecture : si tu n'y conçois rien, relis encore les mêmes Livres, puis lis-en d'autres ; car le dernier que tu liras pourra te donner l'intelligence de tous les autres ; de même que ceux que tu auras lûs les premiers, pourront te faire entendre les derniers.

Pour moi je prétens m'expliquer clairement dans la suite de ce mien Ouvrage : Je le puis, parce que j'ai fait & accompli nôtre benîte Pierre par trois fois ; & si je n'eusse connu dés la premiere fois n̲ô̲t̲r̲e̲ m̲a̲t̲i̲e̲r̲e̲ auſſi parfaitement que je la connois à preſent, je n'aurois pas pû en traiter auſſi parfaitement que je fais, parce que l'on ne peut être trop ſage pour écrire de la ſageſſe; mais la ſageſſe donne la ſcience.

Donc toi qui étant amateur de la ſageſſe, veux devenir parfaitement ſage, comporte-toi avec moderation pour chercher la matiere de la **Pierre des Sages**. Il te faut avoir déja quelques rayons de cette ſageſſe, à laquelle tu aſpires, pour connoître nôtre matiere, qui n'eſt point une converſion d'élemens, quoi qu'elle ſoit compoſée de quatre élemens; car les élemens ne peuvent être veritablement convertis des uns aux autres, ni ſe changer entre-eux parfaitement, quoi qu'*Ariſtote* nous enſeigne que ſi la chaleur eſt ſurmontée par le froid de l'air, l'air, il s'en fera de l'eau, parce que l'air eſt chaud & humide, & l'eau froide & humide : & ainſi la chaleur étant changée, il ſera eau. Mais ce grand Philoſophe n'entend pas que ce changement apparent ſoit une veritable tranſmutation dans les élemens, puiſqu'il eſt tres-certain que ce qui paroît changer de l'air en eau, n'eſt aucunement air, mais une eau pouſſée par la chaleur ſolaire.

Car de croire que le froid ſe puiſſe changer en chaud, & le chaud en froid, cela eſt abſolument impoſſible : de ſorte que les Philoſophes ont ſouvent traité des élemens dont les differentes matieres étoient compoſées, pour en faire connoître les qualitez. Et c'eſt dans ce ſens qu'*Hippocrate* „ dit : Que lorſque les quatre „ élemens, mais ſur tout l'Eau

D

„ & le Feu, entrent en la com-
„ pofition du corps de l'homme
„ en même poids & mefure, l'a-
„ me eſt tres - ſage, & pourveuë
„ d'une excellente memoire ;
„ mais ſi l'Eau ſurpaſſe le Feu,
„ elle devient ſtupide & hebê-
„ tée.

Hippocrate n'a pas prétendu en parlant ainſi, que l'on pouvoit compoſer un homme par le moyen d'une juſte proportion entre les élemens ; mais ſon deſſein a été de nous faire entendre que l'homme qui ne reſſentant aucune de ſes paſſions dominantes, qui ſont contraires à la ſageſſe, devoit être d'un temperament loüable, à la compoſition duquel les élemens, c'eſt-à-dire les quatre qualitez de froid, chaud, ſec & humide auront également concouru.

Pour revenir donc à nôtre matiere, il est tres-certain qu'on ne la doit point chercher dans cét esprit universel. Elle y est bien comprise ; mais l'art ne peut absolument l'en tirer. Elle est de même composée de quatre élemens ; & cependant elle n'en peut être extraite.

Ne te romps donc point la tête à faire mille épreuves inutiles, comme des sublimations, mortifications, attenuations, alterations, separations, conjonctions, putrefactions, solutions, digestions, calcinations, distillations, & tant d'autres opérations inutiles. Ne suis pas donc non plus à la lettre ce passage d'*Aristote* ; les Chymistes ne pourront jamais changer la forme des métaux, s'ils ne les réduisent à leur premiere matiere : cela est tres-veritable. Mais je t'asseure que tu ne dois pas tenter cette réduction des métaux à leur premiere matiere, parce qu'elle ne se peut faire, si ce n'est par le veritable dissolvant.

Car ce dissolvant est un agent, lequel étant de nature metallique, ouvre les entrailles du métal, le penetre sans le rompre dans toutes ses parties ; & trouvant nôtre premiere matiere, il la peut perfectionner, & la convertir en pur or, sans agir sur toutes les matieres impures & étrangeres, les rejettant comme excrémens inutiles & superflus.

Il est donc tres-évident que la matiere de la Pierre des Philosophes est de pure nature métallique ; & partant il ne faut point l'aller chercher dans des sujets si éloignez, comme dans l'esprit universel, ni dans les élemens. L'on ne peut non plus extraire cette matiere d'aucun métal, attendu qu'elle est renfermée dans ce métal comme dans une prison étroite & tres-forte.

Donc il n'y a point d'autre clef, si ce n'est le grand dissol-vant qui puisse l'ouvrir pour l'en tirer dehors : & qui auroit ce dissolvant, auroit tout l'œuvre, sans avoir besoin d'autre matiere. C'est ainsi que le grand *Hermés* l'entend, quand il dit que nôtre matiere est cachée dans les cabi-nets dorez.

Donc pour la tirer d'un métal, il faudroit détruire ce métal dans toutes ses parties les plus simples & les plus délicates : ce qui est absolument impossible ; car ces parties étant déterminées à être substance, elles ne peuvent plus devenir sujet d'une nouvelle for-me. Il faut donc chercher le moyen d'avoir une si parfaite connoissance de cette matiere,

qu'on la puiſſe trouver. C'eſt ce
qu'avec l'aide du Seigneur, j'en-
ſeignerai dans la ſeconde Partie
qui ſuit.

Fin de la premiere Partie.

L'esprit universel
les Elemens. &
les métaux —
Sont exclus;
à l'exception de certain —
Minéral qui est la masse informe —
des Métaux, et qui contient en ses —
entrailles la Semence vive et animée
De tous les Métaux..................
car l'or vif et la lune vive s'y trouvent
en acte... voila l'arbre Verd, dont
parle L[e] [...] ne peut [...] ayant [...] un —
Le Soleil Et la Lune d'un... apparoit dit
[...]mel — En son Sommaire.

SECONDE PARTIE.

Comment l'on peut connoître la veritable matiere de la Pierre : De quelle maniere il la faut chercher, avec les moyens infaillibles de la trouver toute préparée, pour être employée au grand œuvre.

IL ne feroit pas neceſſaire d'être Philoſophe pour connoître nôtre matiere, ſi elle étoit réellement diſtincte, quoi que placée parmy toutes les matieres differentes dont ſe ſert la Nature pour ſes differens ouvrages ; car elle eſt ſi belle, ſi noble, ſi ſimple, ſi rare, & ſi parfaite, que d'elle-même elle ſe feroit diſtinguer par les ignorans les plus

grossiers : Mais il ne faut pas s'i-
maginer que la Nature nous la
produise toute nuë, & dans la
simplicité requise pour être employée au grand œuvre ; car il est
absolument impossible de rendre
cette matiere visible & palpable,
si l'on ne la possede déja par la
Science. Il est donc inutile de
chercher par des experiences une
science, dont il faut parfaitement connoître la theorie avant
que de la pouvoir mettre en pratique.

☉ & Considere bien la Nature (dit
un grand Philosophe,) voi dequoi
elle se sert dans la miniere pour
faire les Métaux. C'est donc dans
la miniere qu'il faut aller chercher la matiere métallique, puisque ce n'est que dans ce lieu où
le métal se forme, que la Nature a eu le soin de la produire.
Mais le moyen de la trouver si

tu

tu ne connois pas ce qui la cache, & dans quoi elle est enveloppée : car si cette riche matiere étoit si facile à trouver où elle est, de tant d'Ouvriers qui travaillent continuellement aux Mines, quelques-uns la pourroient rencontrer ; & cependant l'on ne s'apperçoit pas qu'aucun de ces gens, qui sont gens rustiques & sans sçavoir, ayent eu le bonheur de faire une si belle découverte.

Mais pour avoir cette connoissance, il ne faut point aller penetrer la Terre jusques dans son centre, cela seroit inutile. Occupe-toi pour t'instruire, à voir de quelle maniere la Nature travaille dans tout ce qui s'offre à tes yeux : & ce n'est pas sans raison que l'on dit, *Nature fait habile.* C'est ainsi que par degrez l'on approfondit toutes choses ; ainsi l'on se rend capable d'en-

E

tendre les Philosophes.

Mais si tu prens le chemin des Livres seulement, quoi que cette voye soit tres-bonne, elle n'est pas neanmoins tout-à-fait sûre. Combien de gens ont passé leur vie entiere à lire tous les bons Philosophes, qui cependant ont perdu leur tems, & n'en ont recueilli aucun fruit. Si l'art perfectionne la Nature, il faut aussi avoüer que la Nature sert de modéle à l'art. Si tu n'as pas examiné comment sont produites les Plantes, pourras-tu entendre *Marie la Prophetesse* dans ces paroles, qui sont toutefois fort intelligibles. La Nature ne se „ sert pour faire les Métaux, que „ de la chaleur & de la sécheresse, „ qui surmontent la froideur & „ l'humidité du Mercure. Ni cét „ autre Philosophe qui dit : Que „ la Nature ne se sert dans la

mine que d'une matiere qui
est pure substance mercurielle,
& que ce Mercure contient en
soi le Soûfre vif & incombusti-
ble, qui peut seul faire nôtre
œuvre, sans aucune autre sub-
stance. *est in mercurio quicquid quærunt Sapientes*

Tu ne pourras rien connoître
dans ces veritez si constantes,
lorsque tu ne concevras pas de
quelle maniere la Nature se sert
de la chaleur & de la séchereffe
pour surmonter la froidure &
l'humidité. Cependant ces opé-
rations se font continuellement
à tes yeux, & tu ne peux les
remarquer dans les Vegetaux.
Lorsque tu connoîtras ce qui se
passe sur la Terre, tu pourras *N.B.*
foüiller ensuite jusques dans son
centre pour y chercher l'origine
& la matiere des Métaux : pour
lors tu pourras lire les Philosophes avec profit & utilité ; tu

apprendras en peu de tems comme la matiere la plus prochaine des Métaux est purement métallique, puisque c'est par elle seule que tous les Métaux sont formez, & qu'elle n'y peut être déterminée à aucune autre substance.

Il se pourroit que la Nature qui tend toûjours à l'avancement de ce qu'elle a une fois commencé, étant détournée de son chemin par quelque cause étrangere, feroit des Métaux ou Mineraux informes : Par exemple, si une Mine étoit éventée, l'on y pourroit trouver des Métaux non encore achevez ; & parce que l'ouverture de la Mine interromperoit l'action de la Nature, ces Métaux resteroient imparfaits, & ne s'accompliroient jamais, & toute la semence métallique contenuë dans cette Mine perdroit sa force & sa vertu ; en sorte qu'elle deviendroit ingrate & ſtérile.

Mais ſans un obſtacle formel, cette habile Ouvriere tend toûjours à rendre ſes productions parfaites. Auſſi voyons-nous que les monſtres ne ſont produits, que parce que quelque obſtacle interrompt le cours de la Nature dans ſes opérations ; car ſans quelque accident qui la détourne de ſa route ordinaire, elle acheveroit toûjours ſes ouvrages, & n'y manqueroit jamais. Si nous prenons la Nature pour guide (dit *Ciceron*) nous ne nous égarerons jamais. Suis-la donc dans la conduite de tes ouvrages, & propoſe-toi de l'imiter dans tes deſſeins. Ne vas pas plus vîte qu'elle ; ne ſois pas auſſi plus lent à opérer. Ne neglige rien de ce dont elle ſe ſert, ſoit comme d'inſtrument, ſoit comme de matiere ; car cette

E iij

sage Artiste n'employe dans ses ouvrages que ce qui lui est absolument necessaire pour y réüssir.

Si tu veux ajoûter quelque perfection à ses productions, comme cela se peut faire facilement, imite-la, & sers-toi pour parvenir à ta fin des mêmes moyens dont elle s'est servie pour faire le commencement. Examine donc avec soin dequoi est formé le métal. Je te dis en verité qu'en cela consiste tout l'œuvre des Sages : car il faut pour connoître la racine des Métaux, que tu parcoures tout le genre métallique, depuis sa fin jusqu'à son origine, & depuis son origine jusqu'à sa perfection ; & par cette specula-tion tu apprendras toutes les opé-rations que tu dois faire dans le grand œuvre ; tu sçauras le Feu & l'origine si-tôt que tu connoî-tras la matiere.

Quand par ton étude & ton labeur tu seras sûr de ta matiere, tu sçauras bien-tôt la maniere de la chercher ; c'est-à-dire, tu ne travailleras pas en vain sur les Métaux & les Mineraux, où elle est tellement engagée, qu'elle n'en peut être extraite qu'avec un long travail & beaucoup de peine ; & cette matiere ne seroit pas même encore assez pure pour être employée au grand œuvre.

Cherche donc parmi les Mineraux une matiere préparée par la Nature même pour composer le métal : cette matiere est encore cruë, & n'est point congelée faute de décoction ; & ce n'est que par une décoction de la vraye matiere que se fait la séparation du monde & de l'immonde, du pur & de l'impur, du parfait & de l'imparfait. *Aristote* nous apprend encore, que toutes choses qui font déterminées pour être parfaites, & qui font reſtées imparfaites faute de digeſtion, peuvent être perfectionnées par une digeſtion continuelle. *nota*

Cela eſt tres-facile à concevoir ; il vaut bien mieux cuire & digerer une matiere cruë pour lui faire avoir toute ſa maturité, que d'entreprendre de la ſeparer d'un corps dans lequel elle eſt engagée pour une tres-longue coction, qui lui a acquis toutes les qualitez neceſſaires pour la rendre la baze & le fondement ſolide d'un métal. N'aidons-nous pas toûjours la Nature en amandant les Plantes avec du fumier, dans lequel elle eſt une vertu vegetale, qui donne de la nourriture aux arbres, avance les fruits, & leur acquiert une prompte maturité ? Nous voyons même qu'en cueillant les fruits encore tout verds,

nous les pouvons faire mûrir en
les expofant au Soleil, ou en les
enfermant en un lieu chaud :
mais nous ne voyons pas que le
Jardinier le plus habile ait encore
pû jufqu'à prefent faire en forte
qu'un fruit trop avancé & trop
mûr, ait pû reprendre fa premiere
verdeur, ni diminuer rien de fa
maturité ; cette opération feroit
contraire à la Nature.

C'eft auffi pourquoi l'on n'y
réüffira jamais ; car répugner à
la Nature, c'eft entreprendre ce
qui ne fe peut accomplir. Y a-t-il
rien qui reffemble mieux à la
guerre que les Geans entreprirent
contre les Dieux, que de com-
battre la Nature, dit *Ciceron* ?
Ainfi (mon Enfant) obferve exactement cette fage Directrice en
tout ce qu'elle fait ; fuis-la par
tout depuis le plus haut des airs,
jufques dans les abîmes de la

Terre, tu apprendras des merveilles inoüies : Tu pourras avoir
droit de prétendre être un des
Enfans de la Sageſſe, & d'être
adopté pour Fils du grand *Hermés:*
Tu ſeras appellé comme lui *Tris-*
megiſte ; c'eſt-à-dire, trois fois
Mage, ou trois fois Grand, parce
que tu poſſederas entierement la
connoiſſance du mineral, du vegetal & de l'animal. A toi pour
lors appartiendra d'écrire & de
débiter ta Science ; car Dieu ne
veut pas que l'on cache la lumiere ſous le boiſſeau. C'eſt un
plus grand défaut de ne pas é-
crire quand on eſt ſçavant, & de
ne pas faire part de ſa doctrine à
ceux qui en peuvent avoir beſoin,
que n'eſt pas le défaut de ceux
qui écrivent par une trop grande
paſſion de paſſer pour ſçavans,
quoi qu'ils ne ſoient que des ignorans. Tu ſçais quelle fut la

punition du Serviteur pareſſeux, pour n'avoir pas fait valoir les talens que le Seigneur lui avoit donné.

Si tu as donc une veritable connoiſſance, tu dois en faire part, & la débiter pour la faire profiter au centuple, & juſqu'à l'infini. Je puis ſans profanation & irreverence pour les choſes ſaintes, appliquer à mon ſujet ces paroles toutes divines : *Cherchez, & vous trouverez ; Frappez, & la porte vous ſera ouverte.* La connoiſſance de nôtre Pierre étant un don de Dieu, je ne tiens cette ſcience que par inſpiration divine, dit le grand *Hermés.* Ainſi donc (mon Enfant) toi qui eſt l'inveſtigateur de la ſapience, & qui cherches la verité dans la veritable matiere pour parvenir à la Philoſophie naturelle & univerſelle, tu dois trouver cette ma

Gius centrum est

-tiere renfermée dans un mineral, lequel tu connoîtras facilement au poids, car il a le même volume que l'or ; la verité de nature est une qu'il tient cachée en son ventre.

nota bien Cecy —

Ouvre-lui donc les entrailles avec une lame d'acier ; & fers-toi

Dissolu seu calib

d'une langue douce, infinuante, flateufe, carreffante, humide & ardente. Par cét artifice tu rendras manifefte ce qui eft caché & occulte. Le pere de tout, le thelefme de tout eft ici.

Je t'avertis encore (mon Enfant,) afin que tu ne t'égares point dans un fi beau chemin, de n'outre-paffer point les limites du genre métallique ; car nul autre ne s'amende point ailleurs qu'en fa propre nature. Mais auffi voulant éviter de faire une fauffe démarche, tu peux encore errer en cherchant une

matiere mûre & trop avancée,
laquelle tu ne pourrois dégager
fans une confufion qui l'altere-
roit, & la rendroit mal-propre à
ton ufage.

La Sainte-Ecriture dit de Saül;
c'étoit un enfant d'un an quand
il commença à régner ; c'étoit
prendre le Sceptre de bonne
heure, & régir fon Peuple dans
un âge bien tendre. Mais c'eft
auffi dans cét âge que l'ame s'ac-
coûtume aifément à l'habitude de
toutes les vertus. L'on ne peut
trop tôt commencer à faire le
bien. Il y a un âge qui eft celui
de la Jeuneffe, où l'on eft fufcep-
tible de toutes les bonnes im-
preffions qu'on lui donne ; c'eft
dans ce tems-là que l'efprit eft
docile, & qu'il fe conforme vo-
lontiers fur les actions les plus
belles qu'on lui propofe, pour
lui fervir de modéle.

Mais paſſées ces jeunes & ten-
dres années, cét eſprit ſi docile
devient turbulent, & agité de
diverſes paſſions qui veulent le
dominer. C'eſt ce qui obligeoit
le Prophete Roi à faire cette
Priere : *Seigneur, ne me rappellez
point au milieu de la courſe de mes
jours.* Et le Sage ne nous inſtruit-
il pas de cette verité, quand il
dit : *J'eus en partage une bonne
ame dés mon enfance, & j'ai depuis rencontré un corps ſoüillé &
mal temperé.* La vertu & les for-
ces d'une ame raiſonnable trouvent leurs perfections, quand le
corps eſt infirme & débile. Ces
paroles de Saint Paul peuvent
auſſi s'appliquer à la tendre Jeu-
neſſe. JESUS-CHRIST a bien
dit à ſes Diſciples : *Si vous ne de-
venez comme des enfans, vous
n'entrerez point au Royaume des
Cieux.* L'on peut trouver dans

ces paſſages, qui ſont tout ſpiri-
tuels, un ſens qui a du rapport
avec nôrte matiere ; & le Lecteur
peut en tirer une double utilité.

Si tu connois cette digne &
noble matiere, tu n'as qu'à la
chercher pour la trouver, & tu
la trouveras infailliblement dans
la Terre & ſur la Terre ; mais la
plus fraîche & la plus nouvelle eſt
toûjours la meilleure. La Terre
eſt ſa nourrice : tu dois arracher
l'enfant du ſein de ſa mere ; il le
faut priver de ſa nourriture naturelle pour lui en donner une ar-
tificielle : & comme il eſt impoſſible que cét enfant n'ait ſuccé
avec le lait quelques impuretez
du temperament de la nourrice,
tu auras ſoin de le laver, net-
toyer & purger, avant que de
l'accoûtumer à un autre aliment
que celui dont il ſe nourriſſoit
auparavant ; & quoi que le chan-

gement de nourriture le doive
purger, il te faudra encore faci-
liter l'effet de cette purgation interne par des préparations du dehors.

Si cét enfant ne te convient
pas, & que tu le trouves d'un âge
encore trop avancé pour lui faire
prendre un autre aliment que
celui dont il avoit accoûtumé de
se nourrir, ouvre le sein de sa
mére avec la lame d'acier, foüille
jusques dans les entrailles, & pe-
nétre jusques dans sa matrice ;
c'est-là que tu trouveras nôtre
matiere pure, n'ayant encore pris
aucune teinture du mauvais temperament de sa nourrice. Celui
qui a entrepris nôtre œuvre divin (dit *Haly*) sans connoître
l'heure de sa naissance, n'en re-
cevra que peine & affliction. Ne
prens point cette sémence en son
origine premiere ; souviens-toi
que

que Saül avoit un an quand il commença de régner. L'inſtrument de l'art n'ajoûte rien de nouveau à la Nature en ſon origine.

La Nature prend le ſoin de ſes ouvrages elle ſeule, pour les former ; & lorſqu'ils ſont ainſi formez, l'art alors peut concourir & s'accorder avec cette fameuſe Ouvriere, pour perfectionner enſemble ce qu'elle a commencé toute ſeule. Ainſi le Philoſophe qui trouveroit nôtre digne matiere dans ſa ſource & dans ſa premiere origine, ne pourroit entreprendre de s'en ſervir ſans gâter l'ouvrage de la Nature, loin de lui donner la perfection qu'il ſe propoſe : auſſi n'eſt-il point de veritables Philoſophes, qui vouluſſent l'entreprendre.

Il faut donc prendre l'enfant qui ſera formé de nôtre matiere,

66 **Le Texte**

quand il fera encore dans l'âge
tendre qui lui donnera cette do-
cilité fi neceffaire, pour recevoir
la premiere teinture d'un métal
tres-parfait. Tu pourras facilement l'élever, en le nourriffant
avec des alimens qui foient de
même nature que ceux dont il a
toûjours été nourri. Si ces alimens
étoient plus indigeftes que ceux
que la Nature lui fourniffoit, il
faut lui aider à digérer ces alimens, en augmentant fa chaleur
naturelle par une chaleur étrangere ; c'eft alors qu'il profitera :
en forte que tu connoîtras que
tu a pris le bon chemin, & que
qui que ce foit ne pourra plus te
détourner. Je t'afûre que cét
enfant commencera de régner
plûtôt que Saül ; car plus l'artifice eft adroitement conduite, plus
la Nature travaille d'elle-même ;
& elle trouve une plus grande

facilité à achever ce qu'elle avoit commencé, parce que l'art lui applanit le chemin, & leve tous les obstacles qui pouvoient ralentir son avancement.

C'est pour cette raison que la Nature ne pouvant pas seule accomplir le grand œuvre, ne laisse pas d'y travailler conjointement avec l'art, & de passer les limites qui lui étoient prescriptes, parce qu'elle ne trouve aucune difficulté qui la détermine à rester à sa fin ordinaire, dont les bornes sont levées.

Rendons grace au Dieu tout-puissant, sans le secours duquel l'on ne peut opérer ces merveilles.

Fin de la seconde Partie.

TROISIE'ME PARTIE.

Que la Matiere déclarée en ma seconde Partie, est l'unique sur laquelle on doive travailler pour faire le grand œuvre.

MON Enfant, je ne suis pas le seul qui t'ai déclaré la vraye matiere ; tous les Philosophes ont écrit aussi-bien que moi, mais en termes plus obscurs & plus tenebreux. Ce qui fait que tu ne comprens pas leurs écrits, c'est qu'ils n'ont point voulu observer dans leurs Livres un ordre qui serviroit de moyen pour les faire entendre ; les uns ayant commencé leurs Traitez par la fin du sujet, d'autres par le milieu, d'autres par la projection,

d'autres par la multiplication : un
autre traitant du milieu & de la
fin de l'ouvrage, en a exprés ob-
mis le commencement. Ils ont
tous affecté une confusion, dont
il n'est pourtant pas impossible de
tirer toutes veritez : mais avant
que de la développer de ce cahos,
il te faudra lire peu de Livres,
pourvû qu'ils soient bons ; il faut
les lire & relire sans te rebutter ;
car si tu ne les entens pas la premiere fois, tu les entendras la
dixiéme.

Je te jure foy de Philosophe,
que par ce moyen tu pourras
trouver ce que tu desires : quoi
que cette voye te paroisse en-
nuïeuse, c'est pourtant la plus
courte, la plus seure, & la plus
aisée ; car toutes les experiences
& toute la pratique, sans une veritable connoissance & sans une
theorie parfaite, ne te rendront

point sçavant dans nôtre art.
Toutes les sophistications possi-
bles ne t'instruiront aucunement.
Travaille suivant les intentions
de la Nature ; suis le chemin
qu'elle t'a tracé, & imite-la en
toutes choses. Nature rend habile.

Va, paresseux, (dit le Sage)
prendre la leçon d'une fourmy ;
regarde son travail, & deviens
sage à son exemple. Vois comme sans avoir été instruite ni en-
seignée d'aucun Maître, elle fait
durant l'Esté sa provision pour
l'Hyver.

De même va dans la miniere
examiner & faire l'anatomie du
métal ; considere de quelle maniere il est produit, & dequoi il
se forme ; il n'y a point de sémence plus propre à pousser l'arbre
de la Sapience, & à germer le
fruit des Philosophes. L'Artiste

doit donc être un bon Jardinier
qui entend à cultiver cette plante.
Car cette matiere ne se doit pas
proprement nommer semence
mais bien racine, qui doit être
cultivée & bien labourée pour
fructifier. Ne va donc pas chercher d'autre matiere que cette
racine minerale, qui est la veritable forme des Métaux.

Dans le Vegetal chaque herbe,
chaque plante, & chaque fruit
produit sa semence, laquelle é-
tant mise en terre qui lui convient comme sa propre matrice, s'altere, se pourrit, & s'ouvre par une tres-douce digestion
produite de la chaleur externe,
laquelle par le mouvement & in-
fluence des corps celestes échau-
fant tous les corps, & leur cau-
sant un mouvement interne, ex-
cite en eux cette chaleur naturelle qui consomme l'aliment qui

eſt introduit par ce mouvement exterieur, & leur fait produire un germe qui a la vertu de pouſſer, de croître, & de multiplier.

Voilà la veritable cauſe de la croiſſance, maturité, & avancement des Plantes ; voilà quelle eſt l'ame vegetante, & de quelle maniere la Nature ſe gouverne dans ſes productions ordinaires : Ainſi tu pourras connoître les ſpermes, les ſémences, les racines, & les matieres de toutes choſes ; leſquels ſpermes & ſémences ſont produites chacune par ſon eſpece ; & chacune à ſon tour étant contenuë dans une matrice féconde qui lui convienne, reproduit ſon eſpece : ce qui ſe fait ainſi par une révolution & une reproduction perpetuelle.

C'eſt ainſi que le ſperme maſculin rencontrant en la femelle un ſperme de ſa nature, il ſe
joint

joint à lui, s'incorporent & s'u-
nissent inséparablement ensemble, quoi qu'ils ayent des qualitez differentes, l'un étant chaud
& humide, & l'autre froid & sec;
l'un étant l'agent, & l'autre le
patient; la matrice qui les contient étant une terre de leur nature. Or qui ne sçait pas que
nature s'éjoüit en nature : ainsi
donc cette sémence étant rete-
nuë dans un lieu où elle se plaît,
elle s'augmente d'une humeur
sanguine, qui lui est apportée
par une chaleur douce & penetrante pour l'entretenir ; & lui
servant d'aliment, la fait grossir
& croître.

Car cette humeur étant dige-
rée par la chaleur interne de la
matrice, & par celle qu'elle contient en elle-même, elle se chan-
ge en une substance moyenne,
qui joint à la sémence toutes les

G

autres humeurs fanguines qu'elle attire, & dont elle fe fert pour groffir & augmenter un embrion, qui vient tout de la fubftance de la mere ; le fperme mafculin ne fervant qu'à entretenir interieurement la chaleur, qui par une coction rend cette humeur de fa nature, féparant & rejettant les humeurs heterogenes, qui reftent enfuite pour fervir comme de bain chaud, dans lequel la matrice conferve & trouve la chaleur dont elle a befoin pour la formation de l'animal qu'elle contient. C'eft ainfi que tout animal fe forme, chacun ayant en lui une fémence qu'il produit de lui-même. L'inftinct & la raifon lui donnent les moyens de la mettre en lieu propre où elle puiffe germer, pour la confervation de l'efpece dont elle eft produite.

Tu vois donc par ce raifonnement que ce feroit en vain qu'un
Artifte entreprendroit de travailler fur la fémence d'un vegetal
pour faire un animal, & qu'il
réüffiroit encore moins de fe fervir du fperme d'un animal pour
en former un métal. Chaque
genre a fa matiere commune,
qui eft propre, & ne peut convenir à un autre genre. Chaque ef-
péce a fa matiere particuliere,
qui lui donne une forme diffe-
rente. L'on ne peut donc pas
changer un genre en un autre,
d'un animal l'on ne peut en faire
un métal.

Mais je ne crois pas qu'il foit
abfolument impoffible de convertir une efpece en l'autre, parce qu'une fémence étant alterée
par quelques accidens, comme
par quelque impureté contra-
ctée dans la matrice, elle pour-

roit bien dégenerer de l'efpece dont elle auroit été produite, & fe changer en une autre moins parfaite ; & tout de même du moins au plus, par quelque accident qui pourroit dignifier la fémence : fi cela eft quelquefois arrivé, comme il eft tres-certain, donc la chofe n'eft pas impoffible, mais elle eft fort extraordinaire.

* Les Souflcurs fe plaifent à faire des alterations, des compofitions & des mélanges, qu'ils appellent tranfmutations. Ils congelent (difent-ils) le vif-argent, foit en l'amalgamant avec des minéraux ou marcafites par coction, foit avec des métaux par fumigation, foit par le jus de quelques plantes par digeftion. Mais laiffons-les faire, ils n'abuferont point ceux qui ont lû nos Livres ; il n'eft point de vif-

argent commun qu'ils n'ayent ar-
rêté de cette maniere, qui ne se
puisse rendre aussi vif & aussi
coulant qu'il étoit avant qu'ils
l'eussent travaillé ; ce n'est pas là
une veritable congelation, ce
sont toutes sophistications, qui
amusent les sots & les ignorans.

Les veritables Enfans de la
Science ne buttent tous, qu'au
grand œuvre ; c'est-là la fin de
leurs desirs, & l'accomplissement
de leurs souhaits. Ne t'amuse
donc point à ces bagatelles, mon
Enfant ; c'est perdre ton tems
que d'extraire le Mercure des
Métaux, comme celui du Plomb,
de l'Estain, &c. Celui de l'Anti-
moine dont j'ai vû faire grand
cas, ne te réüssira pas davantage ;
je te le dis de bonne foy, & tu
me dois croire : car avant que
d'avoir acquis une parfaite connoissance de la matiere minèrale,

G iij

j'ai travaillé comme les autres fur toutes ces matiéres , quoi que toûjours contre mon intention ; car j'étois affocié avec des gens qui ne vouloient fuivre que leur fentiment , & n'écoutoient pas feulement les miens , dont mal leur en a pris. Je voyois fort bien qu'ils étoient dans l'erreur , & qu'ils ne travailloient point fur la veritable matiere ; car ce n'eft point affez de prendre garde de ne pas travailler fur une matiere tout-à-fait étrangére , il faut encore fonger à trouver la matiere la plus prochaine.

Un Jardinier pourra bien faire , par exemple , qu'un poirier produife des pommes & des prunes ; mais il ne pourra jamais faire en forte avec toute fon induftrie , qu'un noyer produife dés citroüilles , qu'une vigne rapporte des cérifes , & qu'un figuier produise des mûres. *Aristote* nous assure que la matiere des Métaux est argent-vif, congelé & decuit par une maniere de coction. Ce n'est encore rien dire ; car cét argent-vif n'est pas celui que l'on vend dans les Boutiques, quoi qu'il soit aussi commun que l'eau pour les Sçavans.

C'est ce qui a fait dire à un grand Homme, que le Philoso-phe connoît nôtre Pierre jusques parmi le fumier, & que l'igno-rant ne peut ni croire ni com-prendre qu'elle soit dans l'or. La Pierre se parfait d'elle-même, & s'acheve en la seule matiere mé-tallique. Ces paroles sont tres-veritables : aussi sont-elles tirées du *Code de verité.* D'autres Phi-losophes assurent qu'en tout l'ou-vrage, l'on n'a besoin que du Mer-cure & du feu pour le commen-cement, le milieu & la fin. Tous ces passages paroissent tres-clairs : cependant moi qui les entend comme celui qui les a composez, puisque par trois fois j'ai tenu en mes mains cette matiere si rare & si commune, & par trois j'en ai achevé cette benîte Pierre ; cependant ne te laisse pas séduire au sens apparent de ces belles paroles, la verité y est bien contenuë, mais d'une maniere non pas à suivre ces mots à la lettre.

Je trouve qu'*Avicenne* en a écrit plus clairement, lorsqu'il dit que nôtre matiere se collige du fien, ordure & pourriture du Soleil & de la Lune. Pese-bien ces paroles, car en icelles est contenuë non-seulement la veritable matiere, mais encore tout le regime de l'œuvre. Celui-là parle à un homme assoupi d'un profond sommeil, qui étale aux yeux du sot les trésors de la sagesse,

dit *Salomon.* Partant que celui
qui n'entendra pas ni mes paroles
qui font tres-faciles à entendre &
tres-veritables, ni celles de tous
les Philofophes dont j'ai fait men-
tion dans ce mien Ouvrage,
comme les plus intelligibles & les
plus veridiques : que celui-là,
dis-je, n'efpere pas trouver ailleurs ce qu'il cherche ; mais auffi
qu'il ne fe defefpere pas, parce
qu'il viendra un tems que les tenebres qui enveloppent fon entendement, feront diffipées par
la lecture continuelle & affiduë
des veritables Philofophes.

Il eft donc vrai fans menfonge
aucun, fort certain & tres-veritable, que la matiere avec laquelle
l'on doit entreprendre de faire la
tranfmutation des Métaux, eft de
pure effence métallique, & que
que de toute autre matiere l'on
ne peut réüffir à parfaire le grand

œuvre en icelle. Partant tu dois être perſuadé que cette quinte-eſſence des Métaux ne ſe peut trouver que dans leur ſource, où eſt l'eſprit minéral, pur, agiſſant ſur l'humide & le ſec, par une chaleur qui le pouſſe ſans ceſſe, & entretient en lui un mouvement circulaire dans toutes les parties du ſec & de l'humide : & c'eſt cette chaleur qui fait que l'eau ſe deſſéche, en communiquant une partie de ſon humidité à une terre aride & alterée ; c'eſt auſſi par cette chaleur que cette terre eſt humectée, non-ſeulement au dehors, mais elle eſt encore interieurement penetrée & arrouſée dans toutes les parties d'une humidité nourriſſante, qui l'engraiſſe, la rend fertile, & lui donne la vertu de produire, germer & multiplier.

C'eſt ainſi que ſe forme l'eſprit

vegetable ; c'eſt de cette maniere
qu'il s'entretient , qu'il vivifie ,
& qu'il donne l'ame. Or cét
eſprit agiſſant, ſubtil & rare ne
ſe peut extraire dans ſa pureté ,
ni dans ſa ſimplicité ; nous ne le
pouvons voir ni manier, s'il n'eſt
revêtu de forme corporelle :
mais il eſt de ces formes ſi peu
materielles, que loin de réſiſter
à l'activité de cét eſprit, elle ex-
cite encore ſon mouvement &
ſon action, en lui ſervant de ſujet pour être réduite à l'eſpece
dont elles ont été produites.
Ainſi cét eſprit ſe trouvant dans
les entrailles de la Terre, envi-
ronné de qualitez confuſes d'humidité & de ſéchereſſe, & étant
retenu dans un eſpace, au de-
là duquel il ne peut paſſer , à
cauſe que des corps métalliques
qui ſont peſans, durs & opaques
l'environnent de toutes parts ;

eſt donc contraint de réfléchir ſur lui-même, & dans ſes revolutions & réfléxions circulaires, il détache & emporte avec lui quelques parties d'une terre ſubtile, à laquelle il communique ſon mouvement en la penetrant par ſa chaleur.

C'eſt cette terre à laquelle les Philoſophes ont donné le nom de Soûfre incombuſtible : & ſi tu examines bien ſa nature, tu trouveras qu'il ne peut être aucunement ſoûmis à l'action du feu, puiſqu'il n'eſt que ſéchereſſe & chaleur, qui ſont les propres qualitez de cét élement. Mais comme ce Soûfre renfermant l'eſprit qui lui a donné ſa qualité, augmente de telle ſorte ſon mouvement, qu'il le rend violent & rapide, & qu'il emporte avec ſoi une matiére plus groſſiere qu'étoit celle dont il ſe chargeoit

lorſqu'il n'avoit pas encore acquis tant de force, cette matiere
eſt une humidité, laquelle eſt dés
l'abord claire & ſubtile : puis il
en ſuit une autre qui s'eſt ſoüillée
de quelques ordures en paſſant
par des vénes de terre métallique ; c'eſt ce qui la rend épaiſſe
& viſqueuſe. Or cette derniere
eau, ou plûtôt cette huile, qui
étant compoſée d'une terre &
d'une eau moins pures que les
premieres, ſe joignant avec elles, & ralentiſſant le mouvement
d'eſprit qui les penetre, font une
matiere épaiſſe, lourde & peſan-
te, qui contient en elle toutes les
qualitez propres à recevoir une
forme métallique, & laquelle
peut être pouſſée & exaltée au
ſuprême degré.

Voilà quel eſt le veritable
Mercure des Philoſophes, qu'aucun d'eux n'a jamais voulu de-

clarer ouvertement ; c'eſt cette
matiere que la Nature nous donne toute prête à cuire & digérer,
à pourrir & fermenter, pour la
mettre en état de germer, pouſſer, croître & multiplier , il n'eſt
au monde que cette ſeule matiere. Partant (mon Enfant) tu
n'en dois point chercher d'autre
qu'elle.

C'eſt-là nôtre Mercure double , cette matiere blanche au
dehors, & rouge en dedans :
C'eſt d'elle que les Philoſophes
ont entendu parler , quand ils
ont dit qu'il faut blanchir le rouge , & rougir le blanc , car le
commencement & la fin de l'œuvre ne conſiſte qu'en cela. C'eſt
dans ce Mercure qu'eſt renfermé le veritable Soûfre des Philoſophes , qui aide l'Artiſte à le
perfectionner , & ſans lequel on
perdroit ſon tems, ſa peine , &

son travail. Nôtre Soûfre n'est
pas vulgaire (disent les Philosophes,) mais il est fixe & ne s'en-
vole point ; il est de nature mercurielle, & non d'autre.

Tu vois donc bien (mon Enfant) que je t'ai tout declaré,
quand je t'ai fait connoître de
quelle maniere nôtre Soûfre est
renfermé dans le ventre du Mercure ; & qu'on a raison de l'appeller Soûfre interne, Esprit caché, qui n'est autre chose que
chaleur & sécheresse ; agissant
sur la froideur & l'humidité ; patient, & pure substance mercurielle, dont le Soûfre est l'ame,
puisque c'est lui qui vivifie &
soûtient le Mercure, qui ne seroit sans nôtre Soûfre qu'une
terre morte, infructueuse, &
stérile. L'on a donc bien raison
de dire que Soûfre & Mercure
font la propre & véritable ma-

tiere des Métaux ; mais l'on ne dit point que le Soûfre & le Mercure soient les veritables matieres des Métaux, parce qu'il est tres-certain que ce Soûfre ne peut être sans Mercure, & que nôtre Mercure ne peut être sans ce Soûfre, qui lui est infiniment uni & incorporé, comme l'ame l'est au corps.

Donc ces deux noms de Mercure & de Soûfre ne sont qu'une même matiére, que nous connoissons sous le nom d'Argentvif, ou Mercure. Il n'est que ce nom seul qui puisse parfaitement lui convenir, puisque tous les Philosophes en sont convenus. Il est du fait des Sages d'imposer le nom aux choses, parce qu'ils en connoissent les qualitez, les vertus, & les proprietez ; le nom étant (comme dit *Platon*) l'instrument avec lequel l'on enseigne

gne & discerne les substances des choses. Donc pour donner des noms convenables aux choses, il faut les connoître tres-parfaitement ; & nul n'a cette parfaite connoissance, s'il n'est veritablement Philosophe.

Conçois donc à present que nôtre veritable matiere est non-seulement de l'essence du Mercure, mais aussi qu'elle est proprement substance mercurielle, & qu'elle ne peut avoir d'autre nom qui lui convienne que celui de Mercure. Partant tu vois que les Philosophes ont eu raison de dire que leur Mercure n'est pas le Mercure commun ; que nul ne peut le trouver sur Terre ; qu'il est par tout & en tout ; que cependant il ne se manifeste point : Toutes les expressions differentes n'ont plus besoin d'explication ; elles ne contredisent à rien de tout ce que je te viens d'apprendre. Partant rend manifeste ce qui est caché, & rend occulte ce qui est manifeste ; je te dis qu'en cela seul consiste tout l'œuvre des Sages. Nôtre gomme caille nôtre lait, & nôtre lait dissout nôtre gomme, & ils croissent dans la Pierre de Paradis, laquelle Pierre est de deux natures contraires ; c'est-à-dire, de feu & d'eau. Tout ce que j'ai ci-dessus écrit, doit t'avoir ouvert l'entendement pour l'intelligence des Philosophes ; car je t'ai tout-à-fait bien expliqué, & t'ai donné à entendre ce que c'est que nôtre Soûfre, que les Philosophes ont aussi appellé Gomme, Huile, Soleil, Fixité, Pierre-rouge, Caillé, Safran, Pavot, Leton-rouge, Teinture, Sec, Feu, Esprit, Agent, Ame, Sang,

Airain brûlé, Homme - rouge,
Terre - vive. Je t'ai aussi donné
l'explication claire & nette de
ce que les Philosophes nomment
Eau, Lait, Couverture-blanche,
Manne-blanche, Urine-blanche,
Froid, Humidité qui ne moüille
point, Corps, Matrice, Lune,
Femme - blanche, Habit changeant, volatil, patient, Lait vir-
ginal, Plomb, Verre, Fleur blanche, Fleur de sel, Ecorce, Voile,
Venin, Alun, Vitriol, Air, Vent,
Arc-en-ciel, Nuée, & tant d'autres noms, qui ne sont que pour
nous faire concevoir les qualitez,
proprietez, & les deux natures
de mâle & de femelle renfermées
dans nôtre matiere, qui n'est autre chose que l'argent-vif animé;
c'est cette humidité visqueuse,
mêlée avec sa partie terrestre,
nôtre Mercure, & le vrai fondement de toute nôtre Science.

H ij

C'eſt dans ce grand nombre de termes que les Sçavans ont pris plaiſir d'écrire leur ſentiment touchant nôtre Science. Tous ces noms doivent te convaincre de la verité de nôtre Science, puiſqu'ils n'ont tous qu'un ſens, & qu'ils n'ont tous pour fin que de nous expoſer le Mercure hermaphrodite ; il eſt feminin ſi l'on le conſidere comme ſeparé du Soûfre qu'il renferme en lui, & dont il eſt la matiére ; mais il eſt maſculin lorſqu'on le conſiderera ſelon ſon Soûfre, avec lequel il eſt uni ſi intimement, qu'il n'en peut être ſeparé : & l'on peut dire de leur mariage qu'ils ſont tous deux en une même chair.

C'eſt alors qu'il a cette double force qui lui donne les vertus actives & paſſives, & qu'il peut ſe parfaire de lui-même. Dieu a preferé (dit *Salomon*) nôtre vrai

Soûfre à toutes les choses qui font fous le Ciel. Dans nôtre Mercure (dit un grand Philofophe) c'eft un Soûfre vif & incombuftible, qui accomplit feul nôtre œuvre, fans aucune autre fubftance que la fienne propre. Si cette matiere eft fi puiffante, pourquoi (me diras - tu) ne fe perfectionne - t - elle pas d'elle-même avec la Nature, veu qu'elle eft dans fa propre matrice, qu'elle y trouve des alimens de fa propre fubftance, & une chaleur propre à aider la vertu qu'elle a d'être pouffée jufqu'au dernier degré de perfection, qui eft la Pierre Philofophale ?

Je fuis ravi (mon Enfant) que tu me faffes cette objection, pour t'inftruire ; c'eft une marque que tu es amateur des Sciences, que tu es curieux de penetrer & d'aprofondir les fecrets de

Nature , & que tu veux aller au
de-là de la connoiſſance que t'a
donné la lecture que tu as faite
juſques à preſent. Mais apprens
que ce n'eſt que par degrez , avec
un long labeur , & beaucoup de
patience que l'on peut parvenir
au comble de la ſageſſe : celui-là
qui lâche la bride à ſes deſirs,
n'en eſt plus le maître dans la
ſuite.

Tertullien nous apprend , que
la fin d'un deſir attire avec lui inſéparablement le commencement
d'un autre. Ainſi ils viennent en
foule lorſqu'on ne leur preſcrit
point de bornes ; ils aveuglent
l'entendement, & ſe rendent entierement les maîtres de la raiſon : Ils deviennent déreglez ;
l'on ne doit plus pour lors en eſperer aucune bonne iſſuë. Et
David nous apprend , qu'un deſir
de cette nature ne peut avoir

qu'une mauvaise fin. Je veux bien toutefois satisfaire à la question que tu m'as faite, qui ne me paroît point tout-à-fait hors de propos.

Le souverain Dominateur du Ciel & de la Terre, par la toute-puissance duquel toutes choses ont été crées, a mis dans tout ce qui est ici-bas des vertus, des qualitez & des puissances, telles qu'il a plû à la Sagesse infinie, & comme il l'a trouvé bon ; car à nous n'appartient pas de penetrer les secrets de la divine Providence, qui sont au-dessus de la portée & conception de tout entendement humain. Il a donc prescrit des bornes, des regles, & des limites à tous les Estres créez, & à la Nature même ; & il n'est pas en leur pouvoir de les outre-passer.

Ainsi a été borné le pouvoir

de la Nature dans le genre mineral ; en forte qu'elle ne pouvoit
pouffer la fémence des Métaux
que jufques à l'accompliffement
de l'or , & non point au de-là ;
le Seigneur s'étant refervé le fu-
perflu , pour recompenfer les
Juftes qui fe feront employez à
cultiver les Sciences , & à achever l'Arbre de Sapience , dont
les fruits font le grand Elixir ,
nôtre benîte Pierre , & la Medecine univerfelle.

Maintenant (mon Enfant)
que ta curiofité eft fatisfaite fur
ce que tu defirois fçavoir , ne
t'embaraffe point l'efprit dans les
Sciences qui font hors de ta portée. Je t'ai mis dans le bon chemin ; fuis-le toûjours , & ne te
mets pas en tête de prendre des
fentiers & des voyes de traverfes,
croyant abreger ton travail , &
arriver par là plûtôt à la fin de

tes

tes defirs. Mais tu te trompes fort ; car il n'eft que ce grand chemin pour parvenir au grand œuvre ; le commencement eft un peu rude, raboteux, & difficile à tenir ; mais plus l'on va en avant, & plus il s'applanit, & plus l'on fait de belles découvertes. Tant que tu fuivras ce chemin, jette ta veuë à droite & à gauche, tu ne verras que des beautez & des merveilles ; & fi tu regardes derriere toi, tu t'appercevras que le païs où tu es, eft mille fois plus agreable que celui où tu as paffé. Mais fi tu portes tes yeux devant toi dans un païs fort éloigné de celui que tu découvres prés de toi, prens garde de perdre la veuë, en t'efforçant de voir des chofes aufquelles elle ne peut pas atteindre : continuë toûjours d'avancer ton chemin, & avec le tems ta curiofité fera fatisfaite.

Mais fi tu prens quelqu'autre route, croyant d'arriver par fon moyen à l'endroit où tu te propofes d'aller, je t'affure que tu t'égareras, & plus tu t'avanceras dans ces fentiers, plus tu t'éloigneras du grand & veritable chemin ; en forte que tu te trouveras tout-à-fait égaré, & tu ne pourras plus reprendre le veritable chemin que tu avois tenu d'abord.

Je crois m'être affez amplement expliqué touchant nôtre matiere. J'ai fortifié mon raifonnement fur l'autorité des meilleurs Philofophes, pour donner à connoître comme la matiere fur laquelle l'on doit travailler pour parvenir au grand œuvre, n'eft autre chofe que le Mercure animé : Qu'il ne peut être dans tout le monde que cette feule

& unique matiere qui puisse servir de Medecine aux Métaux,
lorsqu'elle aura été mise en œuvre par un savant Artiste, qui
suivant l'intention de Nature au
régime de cette matiere, la con-
duira sans aucune difficulté à la
perfection requise. C'est à quoi
(mon cher Enfant) je desire de
tout mon cœur que tu puisses
parvenir. Tu sentirois dés ce monde un avant-goût de la felicité
dont Dieu doit recompenser a-
prés cette vie, ceux qui auront
dignement accompli sa Loy divine, en l'adorant en esprit & en
verité, & en aimant leur prochain
comme eux-mêmes ; toutes les
vertus chrétiennes & morales
étant contenuës dans ces deux
articles.

Fin de la troisiéme Partie.

QUATRIE´ME PARTIE,

O U L E

SONGE-VERD,

Veridique & veritable, parce qu'il contient verité.

DANS ce Songe tout y paroît sublime ; le sens apparent n'est pas indigne de celui qu'il nous cache ; la verité y brille d'elle - même avec tant d'éclat, que l'on n'a pas de peine à la découvrir à travers le voile, dont on a prétendu se servir pour nous la déguiser.

J'étois enseveli dans un sommeil tres-profond, lorsqu'il me
sembla voir une statuë haute de
quinze pieds ou environ, repre-
sentant un Vieillard venerable,
beau, & parfaitement bien pro-
portionné dans toutes les parties
de son corps. Il avoit de grands
cheveux d'argent tous par on-
des ; ses yeux étoient des tur-
quoises fines, au milieu desquel-
les étoient enchassées des escar-
boucles, dont l'éclat étoit si brillant, que je ne pouvois en soûtenir la lumiere. Ses lévres é-
toient d'or, ses dents de perles
orientales, & tout le reste du
corps étoit fait d'un rubis fort
brillant. Il touchoit du pied gauche un Globe terrestre, qui pa-
roissoit le supporter : ayant le
bras droit élevé & tendu, il sem-
bloit soûtenir, avec le bout de
son doigt, un Globe celeste au-

I iij

deffus de fa tête, & de la main gauche il tenoit une clef faite d'un gros diamant brute. Cét homme s'approchant de moi me dît : Je fuis le Génie des Sages, ne crains point de me fuivre. Puis me prenant par les cheveux de la main dont il tenoit une clef, il m'enleva, & me fit traverfer les trois régions de l'Air, celle du Feu, & les Cieux de toutes les Planettes. Il me porta encore bien au de-là : puis m'ayant enveloppé dans un tourbillon, il difparut, & je me trouvai dans une Ifle flotante fur une Mer de fang. Surpris d'être en un païs fi éloigné, je me promenois fur le rivage ; & confiderant cette Mer avec une grande attention, je reconnus que le fang dont elle étoit compofée, étoit vif & tout chaud. Je remarquai même qu'un vent tres-doux qui l'agitoit ſans ceſſe , entretenoit ſa chaleur, & excitoit en cette Mer un boüillonnement qui cauſoit à toute l'Iſle un mouvement preſque imperceptible.

Ravi d'admiration de voir des choſes ſi extraordinaires , je ré-fléchiſſois ſur tant de merveilles quand j'apperçûs pluſieurs perſonnes de mon côté : Je m'imaginai d'abord qu'ils vouloient peut-être me maltraiter, & je me gliſſai ſous un tas de Jaſſemins pour me cacher ; mais leur odeur m'ayant endormi , ils me trou-verent & me ſaiſirent. Le plus grand de la troupe, qui me ſem-bloit commander les autres , me demanda avec un air fier , qui m'avoit rendu ſi temeraire que de venir des païs-bas dans ce tres-haut Empire. Je lui racontai de quelle maniere l'on m'y avoit tranſporté. Auſſi-tôt cét homme changeant tout d'un coup de ton, d'air & de manieres, me dît : Sois le bien-venu, toi qui fus conduis ici par nôtre tres-haut & tres-puiſſant Génie. Puis il me ſalüa, & tous les autres enſuite à la façon de leurs païs, qui eſt de ſe coucher tout plat ſur le dos, puis ſe mettre ſur le ventre, & ſe relever. Je leur rendis le ſalut, mais ſelon la coûtume de mon païs. Il me promit de me preſenter au Hagaceſtaur, qui eſt leur Empereur. Il me pria de l'excuſer ſur ce qu'il n'avoit point de voiture pour me porter à la Ville, dont nous étions éloigné d'une bonne lieuë. Il ne m'entretenoit par le chemin que de la puiſſance & des grandeurs de leur Hagaceſtaur, qu'il diſoit poſſeder ſept Royaumes, ayant choiſi celui-ci qui étoit au milieu des ſix autres, pour y faire ſa réfidence ordinaire.

Comme il remarquoit que je faifois difficulté de marcher fur des lys, des rofes, des jaffemins, des œillets, des tubereufes, & fur une quantité prodigieufe de fleurs les plus belles & les plus curieufes, qui croiffent même dans les chemins ; il me deman-da en fe foûriant, fi je craignois de faire du mal à ces Plantes. Je lui répondis, que je fçavois bien qu'il n'étoit point en elles d'ame fenfitive ; mais que comme elles étoient tres-rares dans mon païs, je repugnois de les fouler aux pieds.

Ne découvrant par toute la campagne que fleurs & fruits, je lui demandai où l'on femoit leurs bleds. Il me répondit, qu'ils ne les femoient point ; mais que comme il s'en trouvoit en quan-tité dans les terres ftériles, le

in terra inani et vacua
hoc granum cruitur.

Hagaceſtaur en faiſoit jetter la
plus grande partie dans nos païs-
bas pour nous faire plaiſir, &
que les bêtes mangeoient ce qui
en reſtoit. Que pour eux, ils fai-
ſoient leur pain <u>des fleurs les
plus belles</u> ; qu'ils les pétriſſoient
<u>avec la roſée</u>, & les cuiſoient au
<u>Soleil</u>. Comme je voyois par
tout une ſi prodigieuſe quantité
de tres-beaux fruits, j'eûs la cu-
rioſité de prendre quelques poi-
res pour en goûter : mais il m'en
voulut empêcher, en me diſant
qu'il n'y avoit que les bêtes qui
en mangeoient. Je les trouvois
cependant d'un goût admirable.
Il me preſenta des pêches, des
melons & des figues ; il ne s'eſt
jamais vû dans la Provence, dans
toute l'Italie, ni dans la Grece
des fruits d'un ſi bon goût. Il
me jura par le Hagaceſtaur que
ces fruits venoient d'eux-mêmes,

& qu'ils n'étoient aucunement cultivez, m'asseurant qu'ils ne mangeoient rien autre chose avec leur pain.

Je lui demandai comment ils pouvoient conserver ces fleurs & ces fruits pendant l'Hyver. Il me dit, qu'ils ne connoissoient point d'Hyvers ; que leurs années n'avoient que trois Saisons seulement, sçavoir le Printems, l'Esté ; & que de ces deux Saisons se formoit la troisiéme, à sçavoir l'Automne, qui renfermoit dans le corps des fruits l'esprit du Printems, & l'ame de l'Esté ; que c'étoit dans cette Saison que se cueilloient le raisin & la grénade, qui étoient les meilleurs fruits du païs.

Il me parût fort étonné lorsque je luy appris que nous mangions du bœuf, du mouton, du gibier, du poisson, & d'autres animaux : Il me dit que nous devions avoir l'entendement bien épais, puisque nous nous servions d'alimens si materiels. Il ne m'ennuyoit aucunement d'apprendre des choses si belles & si curieuses, & je les écoutois avec beaucoup d'attention : mais étant averti de considérer l'aspect de la Ville , dont nous n'étions éloignez que de deux cens pas , je n'eûs pas si-tôt levé les yeux pour la voir , que je ne vis plus rien, & je devins aveugle ; dequoi mon conducteur se prit à rire , & ses compagnons de même.

Le dépit de voir que ces Messieurs se divertissoient de mon accident, me faisoit plus de chagrin que mon malheur même. S'appercevans donc bien que leurs manieres ne me plaisoient pas, celui qui avoit toûjours pris soin de m'entretenir me consola,

en me difant d'avoir un peu de
patience, & que je verrois clair
dans un moment : puis il alla
chercher d'une herbe dont il me
frotta les yeux, & je vis auffi-tôt
la lumiere & l'éclat de cette fu-
perbe Ville, dont toutes les maifons étoient faites de cryftal tres-
pur, que le Soleil éclairoit continuellement ; car dans cette Ifle
il ne fut jamais de nuit. L'on ne
voulut point me permettre d'entrer dans aucune de ces maifons,
mais bien d'y voir ce qui fe paf-
foit à travers les murs qui é-
toiet tranfparens. J'examinai la
premiere maifon ; elles font toutes bâties fur un même modéle.
Je remarquai que leur logement
ne confiftoit qu'en un étage feulement, compofé de trois appartemens, chaque appartement
ayant plufieurs chambres & cabinets de plein pied.

Dans le premier appartement paroiſſoit une ſalle ornée d'une tanture de damas tout chamaré de galon d'or, bordé d'une crêpine de même : la couleur du fond de cette étoffe étoit changeante de rouge & de verd, rehauſſé d'argent tres-fin ; le tout couvert d'une gaze blanche. Enſuite étoient quelques cabinets garnis de bijoux de couleurs differentes : puis l'on découvroit une chambre toute meublée d'un beau velours noir, chamaré de pluſieurs bandes de ſatin tres-noir & tres-luiſant ; le tout relevé d'un travail de geais, dont la noirceur brilloit & éclatoit fort.

Dans le ſecond appartement ſe voyoit une chambre tenduë d'une moire blanche ondée, enrichie & relevée d'une ſémence de perles orientales tres - fines. Enſuite étoient pluſieurs cabinets

parez de meubles de plusieurs
couleurs, comme de satin bleu,
de damas violet, de moire citrine, & de taffetas incarnat.

Dans le troisiéme appartement
étoit une chambre parée d'une
étoffe tres-éclatante, de pourpre
à fond d'or , plus belle & plus
riche sans comparaison que toutes les autres étoffes que je venois de voir.

Je m'enquis où étoient le
Maître & la Maîtresse du logis :
l'on me dit qu'ils étoient cachez
dans le fond de cette chambre,
& qu'ils devoient passer dans une
autre plus éloignée , qui n'étoit
séparée de celle-ci que par quelques cabinets de communication;
que les meubles de ces cabinets
étoient de couleurs toutes differentes , les uns étans d'un tapis
couleur d'isabelle , d'autres de
moire citrine , & d'autres d'un

brocard d'or tres-pur & tres-
fin.

Je ne pouvois voir le quatriéme appartement, parce qu'il doit
être hors d'œuvre : mais l'on me
dit qu'il ne confiftoit qu'en une
chambre, dont les meubles n'é-
toient qu'un tiffu de rayons de
Soleil les plus épurez & concen-
trez dans cette étoffe de pourpre
où je venois de regarder.

Aprés avoir vû toutes ces cu-
riofitez, l'on m'apprît comment
fe faifoient les mariages parmi les
Habitans de cette Ifle. Le Ha-
gaceftaur ayant une tres-parfaite
connoiffance des humeurs & du
temperament de tous fes Sujets,
depuis le plus grand jufqu'au
plus petit, il affemble les parens
les plus proches, & met une jeu-
ne Fille pure & nette avec un
bon Vieillard fain & vigoureux :
puis il purge & purifie la Fille, il
lave

lave & nettoye le Vieillard, qui
presente la main à la Fille, & la
Fille prend la main du Vieillard :
puis on les conduit dans un de
ces logis, dont on séelle la porte
avec les mêmes matereaux dont
le logis a été fait : & il faut qu'ils
restent ainsi enfermez ensemble
neuf mois tous entiers, pendant
lequel tems ils font tous ces
beaux meubles que l'on m'a fait
voir. — Au bout de ce terme, ils
sortent tous deux unis en un
même corps ; & n'ayant plus qu'u-
ne ame, ils ne font plus qu'un,
dont la puissance est fort grande
sur Terre. Le Hagacestaur s'en
sert alors pour convertir tous les
méchans qui font dans ses sept
Royaumes.

L'on m'avoit promis de me
faire entrer dans le Palais du
Hagacestaur, de m'en faire voir
les appartemens, & un salon en-

tr'autres, où font quatre Statuës auſſi anciennes que le Monde, dont celle qui eſt placée au milieu eſt le puiſſant *Seganiſſegede*, qui m'avoit tranſporté dans cette Iſle. Les trois autres qui forment un triangle à l'entour de celuici, ſont trois Femmes, à ſçavoir *Ellugaté*, *Linemalore*, & *Tripſarecopſem*. L'on m'avoit auſſi promis de me faire voir le Temple où eſt la Figure de leur Divinité, qu'ils appellent *Eleſel Vaſſerguſine:* mais les Cocqs s'étans mis à chanter, les Paſteurs conduiſans leurs troupeaux aux champs, & les Laboureurs attelans leurs charruës, firent un ſi grand bruit, qu'ils me réveillerent, & mon Songe ſe diſſipa entierement.

Tout ce que j'avois vû juſques ici n'étoit rien en comparaiſon de ce que l'on promettoit de me faire voir. Cependant je n'ai pas

de peine à me confoler, lorf-
que je fais réfléxion fur cét Empire celefte, où le Tout-puiffant
paroît affis dans fon Trône envi-
ronné de gloire, & accompagné
d'Anges, d'Archanges, de Che-
rubins, de Seraphins, de Trônes
& de Dominations : C'eft-là
que nous verrons ce que l'œil
n'a jamais vû, que nous enten-
drons ce que l'oreille n'aura jamais entendu, puifque c'eft dans
ce lieu que nous devons goûter
une felicité éternelle, que Dieu
lui-même a promis à tous ceux
qui tâcheront de s'en rendre di-
gnes, ayant tous été créez pour
participer à cette gloire. Faifons
donc tous nos efforts pour la
meriter. *Loüé foit Dieu.*

Fin du Songeverd.

K ij

Extrait du Privilege du Roy.

PAR Grace & Privilege du Roy, donné à Saint Germain en Laye le 2e jour de Decembre 1672. Sgné, DALENCE' : Il est permis au Sieur CHARLES ANGOT, d'imprimer les Livres d'*Hermés*, *de Geber*, *d'Artephius*, *de Trevisan*, *de Basile*, *d'Arnaud de Villeneuve*, & autres Traitez Chymiques, pendant le tems de neuf années ; avec défenses à tous Libraires & autres d'imprimer lesdits Livres, sous les peines portées par l'original du present Extrait.

Ledit Sieur ANGOT a cedé son droit de Privilege à LAURENT D'HOURY, aussi Libraire à Paris.

Registré sur le Livre de la Communauté des Imprimeurs & Marchands Libraires de Paris.
Signé, D. *THIERRY*, Syndic.

Achevé d'imprimer pour la premiere fois, le 4e Novembre 1694.